Gestion & Marketing | numéro **23**

LE SEUIL D'INCOMPÉTENCE DE PETER

Pourquoi la promotion mène-t-elle à l'incompétence ?

par Gabriel Verboomen

50MINUTES

Avec la collaboration de Brigitte Feys

LE PRINCIPE DE PETER 5

THÉORIE – PRÉSENTATION DU CONCEPT 7

Les hypothèses du principe de Peter

Les incompétents

Les symptômes du dernier poste

LIMITES DU MODÈLE ET EXTENSIONS 14

Limites et critiques de son approche

Modèles connexes et extensions

MISE EN PRATIQUE DU CONCEPT 19

Étude de Catane

Recommandations

EN RÉSUMÉ 26

POUR ALLER PLUS LOIN 28

LE PRINCIPE DE PETER

- **Dénomination(s) ?** Le principe de Peter, ou plus rarement le syndrome de la « promotion focus »
- **Usage(s) ?** Gestion des ressources humaines et de leur performance, valorisation des potentiels humains
- **Efficacité ?** Incertaine, car elle dépend des individus et des organisations
- **Mots-clés ?**
  - <u>Compétence</u> : savoir et savoir-faire requis pour une efficience maximum à un poste donné
  - <u>Efficience</u> : synonyme de l'excellence, aptitude d'un employé à exécuter certaines tâches avec des ressources limitées (temps, argent, etc.)
  - <u>Hiérarchie</u> : structure d'autorité au sein d'une organisation
  - <u>Promotion</u> : nomination d'un travailleur à un niveau hiérarchique supérieur au sein d'un organisme

Lorsque l'on considère le principe de Peter, il est particulièrement important de se rendre compte que ce modèle, tout éclairant qu'il soit dans de nombreuses situations données, est issu d'un ouvrage satyrique et qu'il faut donc bien se garder d'ériger *stricto sensu* en vérité scientifique. Dans un contexte de hiérarchisation de plus en plus forte des organisations se pose la question de la promotion interne. La compétence d'un employé doit-elle être le critère dominant pour déterminer une ascension hiérarchique ? Comment mesurer ce niveau de compétence ? Est-ce qu'un employé efficace fera forcément un bon organisateur ?

Le principe de Peter énonce que, si un employé est efficace à un niveau hiérarchique donné, il sera promu au niveau hiérarchique supérieur et ainsi de suite, jusqu'à ce qu'il atteigne un niveau où il sera inefficace. S'il ne peut pas être rétrogradé, il s'ensuit que toute structure évolue naturellement vers un équilibre de la plus grande inefficacité.

Même si, à première vue, le principe peut sembler absurde, il pose certaines questions en matière de gestion des ressources humaines. Qui promouvoir pour le bien à la fois de l'individu et de l'entreprise ? Sous quelles conditions pour accroître l'efficacité globale ?

THÉORIE – PRÉSENTATION DU CONCEPT

LAURENCE JOHNSON PETER
(ÉDUCATEUR ET PSYCHOLOGUE CANADIEN, 1919-1990)

Diplômé en 1958 du *Western Washington State College*, Laurence J. Peter, originaire de Vancouver, devient rapidement enseignant alors qu'il poursuit des études de psychologie et de sciences de l'éducation dont il obtient le diplôme de doctorat au cours de l'année 1963. Il dirige ensuite le Centre Evelyn Frieden et intervient en tant que conseiller dans des programmes destinés aux enfants inadaptés à l'université de Californie du Sud en 1966.

Si son premier ouvrage, *Prescriptive Teaching*, est publié en 1965, il faudra attendre la parution de *The Peter Principle* (1969), écrit en collaboration avec Raymond Hull (scénariste canadien, 1919-1985), pour le rendre célèbre.

LES HYPOTHÈSES DU PRINCIPE DE PETER

Le principe de Peter, comme tout modèle économique, est fondé sur des hypothèses qu'il conviendra de discuter. Si on ne retient que les plus importantes d'entre elles, on cite de façon non exhaustive :

- la structure hiérarchique d'une entreprise est naturellement pyramidale. Cette vision simplifiée rend compte des niveaux hiérarchiques strictement définis : une base de travailleurs gérée par des cadres moins nombreux, eux-mêmes gérés par des cadres supérieurs encore moins nombreux et ainsi de suite ;

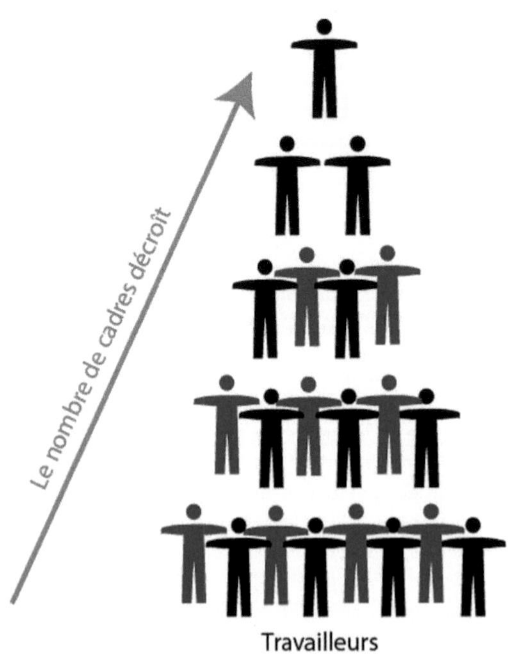

La structure pyramidale
© 50MINUTES. com

- les postes sont rigides et regroupent des fonctions immuables : celui qui est assigné à un poste remplit un certain nombre de fonctions. S'il ne parvient pas à faire le travail qui lui revient, celui-ci ne sera purement et simplement pas effectué. S'il y parvient, il ne s'investira pas pour autant dans d'autres tâches. À ce sujet, notons néanmoins que ces descriptions de structure datent d'une certaine époque et qu'actuellement les entreprises sont des organisations beaucoup plus flexibles qui travaillent par exemple par projet ou en réseau ;

- l'hypothèse la plus forte et la plus polémique est celle que la littérature appelle « hypothèse de Peter ». Le niveau de compétence à un poste hiérarchiquement supérieur est complètement indépendant du niveau de compétence au poste hiérarchiquement inférieur. Si un employé est le meilleur à un poste et qu'il est promu au niveau supérieur, son niveau de compétence après promotion est purement aléatoire.

Selon Jean-Paul Delahaye (informaticien et mathématicien français, né en 1952), si l'on accepte ces hypothèses simplificatrices, on considérera logiquement que toute promotion tend à réduire la performance de l'employé, selon deux effets.

- **L'effet de cliquet :** le retour en arrière est impossible car un employé promu ne peut pas être rétrogradé. S'il est compétitif, il continuera à gravir les échelons et ne restera pas au poste auquel il est performant. Ce mouvement continue nécessairement jusqu'à ce qu'il atteigne le niveau de trop, celui dans lequel il n'est plus performant. L'employé coincé à ce niveau ne peut alors ni être rétrogradé ni continuer à monter.
- **L'effet statistique de régression vers la moyenne (ou principe de la distribution statistique) :** lors d'un événement aléatoire dit « normal », la probabilité est plus grande d'obtenir un résultat proche de la moyenne que d'obtenir un résultat très haut ou très bas. Ainsi, l'entreprise, qui a la chance de pouvoir compter sur un employé beaucoup plus compétent que la moyenne et qui décide de le changer de poste, détermine à nouveau aléatoirement la compétence de ce dernier avec beaucoup de chance d'obtenir un résultat moyen.

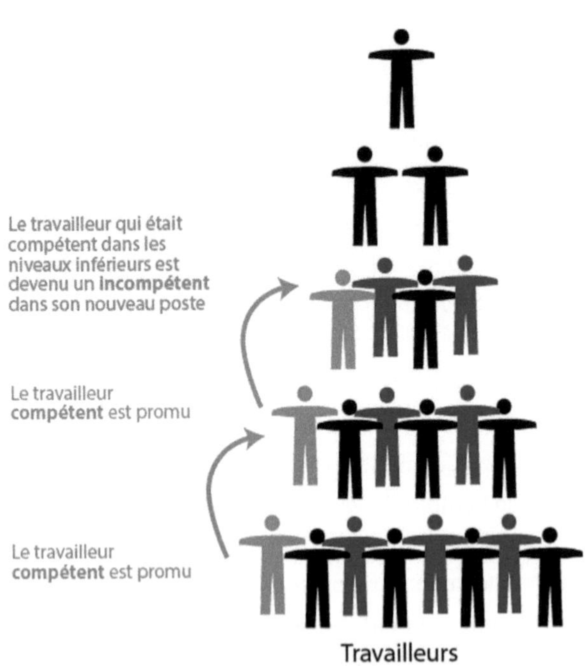

Le principe de Peter
© 50MINUTES. com

Ainsi donc se cache, sous les hypothèses du principe de Peter, une vérité qui dérange : chaque poste serait, au fil du temps, de plus en plus probablement occupé par un incompétent, alors que plus un poste est élevé dans la hiérarchie, plus il est important pour la performance globale de la structure. Cela ne signifie pas que la base de la pyramide est moins essentielle au bon fonctionnement de l'entreprise que le sommet, bien au contraire. Simplement, si on admet la structure pyramidale et qu'on accorde la même importance à chaque niveau, un poste a plus d'importance dans la performance globale là où il y a peu de postes. Par exemple, s'il y a deux cadres pour cinq employés, la compétence individuelle du cadre comptera pour 50 % de la performance de son niveau hiérarchique, tandis que la performance individuelle d'un employé ne comptera que pour 20 %.

En regard des hypothèses du principe de Peter, et tout particulièrement de celle de l'effet de cliquet, il paraît évident que « chaque
employé tend à s'élever à son niveau d'incompétence », donc que
l'équilibre naturel d'une structure est que chaque poste soit occupé
par quelqu'un qui ne peut pas en assumer les responsabilités.

LES INCOMPÉTENTS

Ce principe est érigé par Laurence J. Peter en une science des organisations à part entière qu'il nomme « hiérarchologie ».

Il cherche à lui donner des applications concrètes et confronte
son modèle avec la réalité des organisations qu'il a observées.
Bien évidemment, il constate des exceptions à son principe. On ne
promeut par exemple pas toujours les plus compétents. Il relève
plusieurs cas où des incompétents sont promus et en explique
les raisons.

- **La sublimation percutante ou la pseudo-promotion** : cette
  stratégie qui hisse un incompétent au niveau supérieur permet
  surtout d'entretenir l'espoir de tous les autres qui s'imaginent
  être promus un jour à leur tour. Elle est dangereuse, car elle a
  pour but de faire illusion auprès des gens qui ne font pas partie
  de la hiérarchie.
- **L'arabesque latérale :** on promeut un incompétent à un nouveau
  poste inutile au titre plus ronflant – et d'ailleurs souvent dans un
  bureau à l'écart – pour limiter les nuisances qu'il peut engendrer
  à son poste actuel.
- **L'inversion de Peter :** dans ce cas-ci, la promotion d'un incompétent est due à son respect des normes imposées par la hiérarchie
  plus qu'à son efficacité. On inverse en effet la fin et les moyens
  puisque les normes existent pour augmenter la productivité et
  qu'on valorise davantage le respect des normes que la productivité.

- **La défoliation hiérarchique :** pour éviter que le travailleur ne perçoive l'absurdité du système et décide de ne pas s'y conformer, on privilégie la promotion d'un incompétent.

LES SYMPTÔMES DU DERNIER POSTE

Pour Peter, les symptômes de l'incompétence, ou les signes de dissimulation aux autres et à soi de l'incompétence, sont faciles à détecter. Ceux que l'on appelle « symptômes du dernier poste » donnent pourtant une illusion d'un épanouissement professionnel.

- **Classophilie :** du grec *classis* (« catégorie » ; « classe ») et *philos* (« ami »), manie du classement inutile pour (se) donner l'illusion que l'on effectue un travail important.
- **Gigantisme tabulatoire :** se dit de l'incompétent qui souhaite le plus gros bureau.
- **Papyromanie :** du grec *papyros* (« papier ») et du bas latin *mania* (« folie » ; « obsession »), symptôme de l'incompétent qui entasse des papiers – d'où le désordre apparent – sur son bureau pour faire croire qu'il est extrêmement occupé.
- **Papyrophobie :** du grec *papyros* (« papier ») et *phobos* (« crainte »), symptôme de l'incompétent qui ne tolère aucun papier sur son espace de travail. Si le bureau est net, les collègues, les supérieurs – et peut-être même l'employé lui-même – pensent que le travail est efficacement effectué.
- **Phonophilie :** du grec *phônê* (« voix ») et *philos* (« ami »), symptôme de l'incompétent qui prend pour prétexte à son incompétence le manque de contact avec ses collègues et ses subordonnés et qui installe de multiples téléphones et magnétophones sur son bureau. L'ouvrage datant de 1969, ce « symptôme » est sans doute à reformuler en fonction des technologies actuelles.

- **Rigor Cartis :** du latin, intérêt obsessionnel pour les graphiques, les schémas et les organigrammes qui donnent l'illusion de la maîtrise des situations.
- **Siglomanie initiale :** du latin *sigla* (« sigles » ; « abréviations ») et du bas latin *mania* (« folie » ; « obsession »), symptôme de l'incompétent qui parle par initiales et par sigles incompréhensibles pour le non-initié afin de donner l'illusion d'un certain professionnalisme. L'incompétent complique les choses pour le plaisir de l'importance qu'il se donne.
- **Structurophilie :** du latin *structura* (« arrangement » ; « construction ») et du grec *philos* (« ami ») ; aimant travailler dans un cadre structuré, l'incompétent atteint de ce syndrome montre une obsession pour l'ordre et l'entretien du bâtiment où il évolue, au détriment de la teneur de son travail à proprement parler.
- **Syndrome du flottement :** l'incompétent prend rarement des décisions et laisse les choses longtemps en attente de traitement.
- **Tabulogie anormale :** du latin *tabula* (« planche » ; « table »), symptôme de l'incompétent qui range de façon inhabituelle et étrange le matériel de bureau.

Peter nuance cependant son propos en expliquant que, heureusement pour le fonctionnement de nos modèles politiques, sociaux et économiques, tous les postes au sommet de la hiérarchie ne sont pas nécessairement occupés par des incompétents. En effet, lors de l'énonciation de son principe, il met en lumière le fait que souvent la structure hiérarchique d'un organisme est trop petite pour que tous les gens très compétents – bien qu'il n'en faille pas trop non plus, sinon ils subissent la défoliation hiérarchique – atteignent leurs limites. Notons toutefois que les supérieurs compétents sont souvent débauchés par des organisations plus grandes où ils pourront à nouveau gravir les échelons jusqu'à atteindre eux aussi leur seuil d'incompétence.

LIMITES DU MODÈLE ET EXTENSIONS

LIMITES ET CRITIQUES DE SON APPROCHE

Les limites du modèle sautent aux yeux dès lors qu'on a bien à l'esprit les hypothèses qui le sous-tendent.

- La plupart du temps actuellement, une organisation n'est pas aussi simple que la structure pyramidale que Peter décrit. Bien souvent, un employé qui en coordonne d'autres n'a pas fait l'objet d'une promotion. Les différents départements sont sur un pied d'égalité, en théorie du moins. On encourage la décentralisation et l'*empowerment* (« responsabilisation » ; « pouvoir-faire ») et on tend à réduire la hiérarchisation verticale pure et simple. Ce phénomène est appelé « l'aplatissement des pyramides ». Peut-être est-ce précisément là une des manières contemporaines d'éviter les effets du principe de Peter qui datent d'une époque où la hiérarchie était plus rigide ?
- Un poste n'est plus figé. Si un incompétent est nommé à un poste et n'assume pas ses responsabilités, il est probable qu'une bonne partie de ses fonctions soient progressivement assignées à un autre poste.
- La question de la motivation pose également problème, puisqu'une partie des compétences peut provenir de celle dont fait preuve un travailleur. En effet, ce dernier, qui est efficace à un niveau de la hiérarchie, l'est sans doute aussi partiellement grâce à sa motivation, et s'il conserve cet enthousiasme,

il est probable qu'il acquière plus facilement les nouvelles compétences requises pour le poste supérieur, ce qui le rend plus performant.

- Les réalités actuelles du *turn-over* sont impressionnantes, puisque l'on estime qu'un jeune entrant sur le marché du travail a de fortes chances de changer environ cinq fois de fonction ou d'entreprise.

- Enfin, c'est surtout l'hypothèse de Peter qui est la plus discutable, celle selon laquelle la compétence à un poste est intrinsèquement indépendante de la compétence au poste inférieur. D'autres chercheurs, tels que les physiciens italiens Alessandro Pluchino, Andrea Rapisarda et le sociologue Cesare Garofalo dans leur article « The Peter Principle Revisited: A Computational Study », offrent une vision revisitée du fameux principe en énonçant l'hypothèse inverse. Ils la nomment « l'hypothèse du bon sens » : la compétence à un poste supérieur dépend de la compétence au poste inférieur qui se trouve augmentée ou diminuée d'environ 10 %.

Les vérifications empiriques de l'incompétence développées par Peter peuvent également être sujettes à caution. En effet, les symptômes regroupent tellement de comportements qu'on ne peut pas, comme certains le font, les utiliser comme prétendue preuve du principe de Peter. Si l'on considère au pied de la lettre certaines hypothèses, on finira par se confronter à des situations telles que celle-ci : est incompétent celui qui aime trop l'ordre ou qui est trop autoritaire, mais l'est également celui qui n'est pas assez ordonné ou pas assez autoritaire. Si l'excès est toujours nuisible, la plupart des prétendus symptômes sont à l'origine perçus dans une certaine mesure comme des qualités. Aussi, est-ce la raison pour laquelle un incompétent adopte ces attitudes

– mais à l'extrême – pour tenter de dissimuler son incompétence. En conclusion, le principe de Peter est invérifiable et le ton sarcastique qu'il emploie dans son ouvrage laisse penser qu'il n'a pas de véritable prétention scientifique.

MODÈLES CONNEXES ET EXTENSIONS

Le principe de Peter s'inscrit dans un ensemble de « lois » du même type, à vocation plus ou moins humoristique, qui décrivent le monde des organisations avec un certain cynisme et dont la rigueur scientifique n'est pas la préoccupation majeure. Toutefois, certaines d'entre elles soulignent des réalités qui interpellent et auxquelles la plupart des organisations doivent effectivement faire face.

La loi de Parkinson

Parmi celles-ci, on trouve notamment la loi de Parkinson (1955), de l'historien britannique Cyril Northcote Parkinson (1909-1993), énonçant que le travail s'étale toujours de manière à occuper le temps dont dispose la personne en charge de ce travail. Par extension, on peut imaginer que toutes les ressources disponibles à un projet sont toujours consommées, qu'il s'agisse de temps, d'argent, de main d'œuvre, etc. Deux conséquences sous-tendent cette loi :

- **la multiplication des subordonnés.** Si un employé échoue à réaliser un projet, il n'a que deux options : soit il se décharge d'une partie du travail en le donnant à quelqu'un qui devient un rival potentiel, soit il demande du soutien à ses subordonnés. Dans la plupart des cas, il opte pour la seconde option d'une part pour protéger son poste et d'autre part pour lui conférer de l'importance. On note qu'il veille à s'entourer de plusieurs subordonnés, de manière à pouvoir leur partager chaque tâche. En effet, dès lors qu'aucun d'entre eux n'est capable d'effectuer seul l'entièreté de la tâche, aucun ne devient un rival potentiel ;

- **la multiplication du travail.** Que l'on travaille avec des égaux ou avec des subordonnés, le fait même de travailler à plusieurs multiplie considérablement la charge de travail. Il faut souvent autant de temps pour se coordonner que pour effectuer le travail. Comme il se trouve la plupart du temps quelqu'un dans l'équipe qui a du mal à déléguer et qui endosse dès lors plus de responsabilités, le travail se rectifiera à la fin pour qu'il corresponde à ce qu'une personne aurait produit seul. En fin de compte, pour produire le même travail – qu'une personne seule aurait produit –, il aura fallu que toute une équipe s'y consacre et que du temps supplémentaire soit consacré à la coordination de tout ce monde.

Le principe de Dilbert

On mentionnera également le principe de Dilbert, tiré d'une bande dessinée éponyme de Scott Adams (dessinateur américain, né en 1957). Selon lui, ce sont les incompétents qui sont immédiatement promus et qui deviennent managers, et ce même s'ils n'ont jamais fait preuve de compétences particulières. Ce principe est encore plus radical que celui de Peter dans la mesure où il suppose que l'on confie consciemment les fonctions de management aux incompétents pour qu'ils ne puissent occasionner aucun dégât. Cela présuppose bien sûr que le management est toujours inutile.

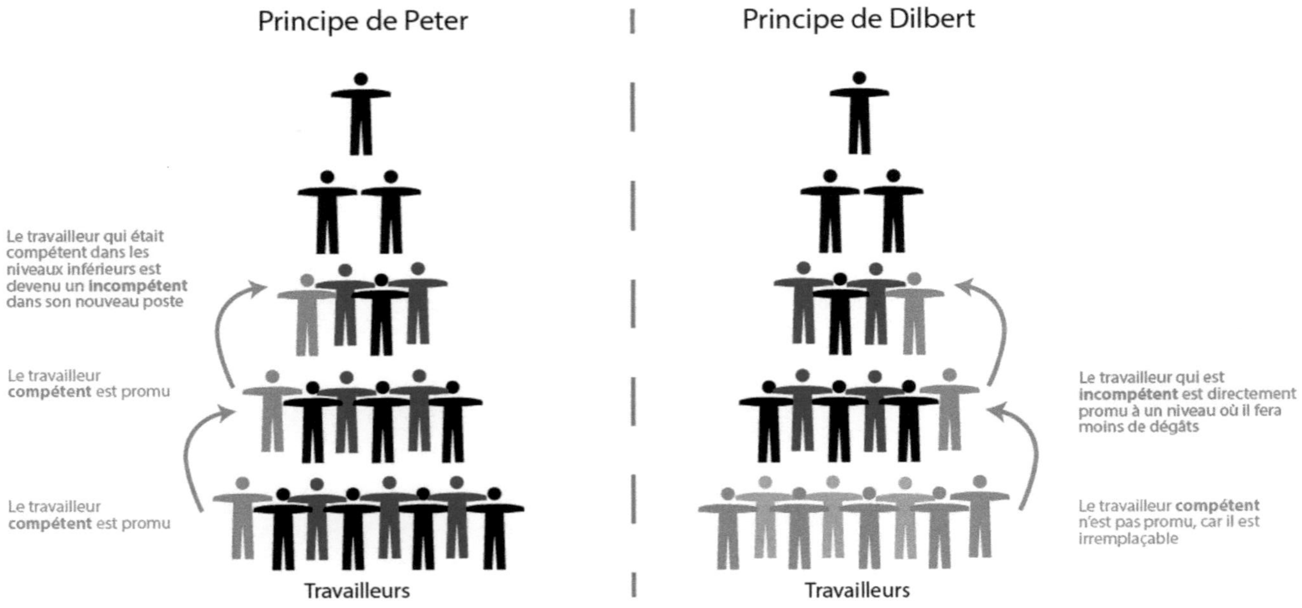

Comparaison entre le principe de Peter et le principe de Dilbert

© 50MINUTES. com

Et dans une même logique, on citera le dicton populaire selon lequel « ceux qui savent font ce qui doit être fait et ceux qui ne savent pas enseignent ».

Bien que l'on ne puisse les qualifier de « modèles » à proprement parler – car ils ne sont pas scientifiques –, ces principes témoignent d'une certaine résistance empirique à la performance théorique des modèles économiques. Faut-il pour autant renoncer aux modèles – dont on connaît en réalité les limites – et envisager l'octroi de promotions au hasard ?

Les études de cas où le principe de Peter est à l'œuvre sont à la fois innombrables et inexistantes. Elles sont innombrables puisque chacun d'entre nous parviendra facilement à imaginer une situation dans laquelle un incompétent est promu, à reconnaître un des symptômes décrits par Peter chez nos collègues ou chez nos supérieurs. Quant à dire que ce sont effectivement des cas manifestes d'incompétence, c'est une autre affaire. Il est assez difficile, et la plupart des responsables de ressources humaines le savent bien, de mesurer la performance d'un employé. De la même manière, les employés auront souvent tendance à trouver leur supérieur incompétent parce qu'il est plus facile de critiquer les responsables que de prendre des responsabilités. La plupart du temps, la littérature présente des cas où l'incompétence est manifeste, mais qui ne sont jamais qu'issus de l'imagination des partisans du principe de Peter. En ce sens, les exemples de cas réels sont inexistants.

ÉTUDE DE CATANE

Plutôt que de raconter des fables, Alessandro Pluchino, Andrea Rapisarda et Cesare Garofalo, dans leur article « The Peter Principle Revisited: A Computational Study », ont préféré tenter un autre type de confrontation du modèle à la réalité. Ils ont opéré une simulation informatique de l'évolution d'une organisation pyramidale en faisant varier les hypothèses de promotion. Leur article aux conclusions étonnantes leur a d'ailleurs valu un prix Ig Nobel d'économie, une parodie de prix Nobel qui récompense les résultats de recherches les plus loufoques. Pourtant, leur étude n'en est pas moins très sérieuse et l'étrangeté des résultats renforce la réflexion et les hypothèses humoristiques développées par Peter.

Définition d'une organisation fictive

Ils ont donc défini dans un programme informatique (en utilisant *Netlogo*, un langage de programmation spécialement pensé pour les simulations multi-agents propices à tester différents aspects de la théorie des jeux) une organisation fictive composée de six niveaux hiérarchiques (contenant respectivement 81, 41, 21, 11, 5 et 1 éléments). Chaque agent est caractérisé par un âge allant de 18 à 60 et un niveau de compétence entre 1 et 10.

Au début de la simulation, les âges et les niveaux de compétences sont déterminés aléatoirement selon le principe de la distribution statistique évoquée plus haut.

LA DISTRIBUTION STATISTIQUE DITE « NORMALE »

Une distribution statistique donne une forte probabilité d'obtenir un résultat proche de la moyenne – fixée arbitrairement sur le graphique à 0 – et une probabilité de plus en plus faible à mesure que l'on cherche à obtenir un résultat qui s'en éloigne par le haut ou par le bas. On considère que c'est la forme du hasard qui décrit le mieux la réalité des grands échantillons et que par définition, on rencontre beaucoup plus d'événements moyens que d'événements exceptionnels.

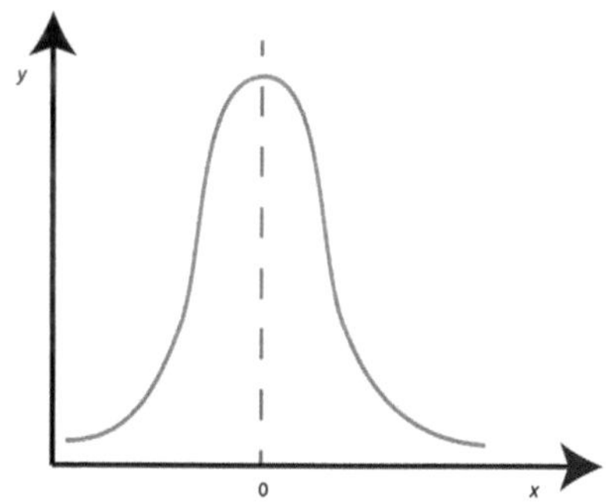

La distribution statistique
© 50MINUTES. com

Simulation

La situation initiale étant donnée, on démarre la simulation. À chaque « tour de jeu », on incrémente l'âge des agents. Chaque agent qui dépasse 60 ans disparaît et on comble les trous en promouvant des agents du niveau inférieur. Les trous du niveau le plus bas sont comblés en incluant de nouveaux agents dont l'âge et la compétence sont eux aussi déterminés au hasard.

Quand un agent change de niveau, il change aussi de compétence selon deux hypothèses qui sont testées :

- **l'hypothèse de Peter.** Le nouveau niveau de compétence est complètement aléatoire ;
- **l'hypothèse du bon sens.** Le nouveau niveau de compétence est une augmentation ou une diminution de l'ancien de 10 % maximum.

Dans ces deux cas, il convient de mesurer la performance globale du système, qui correspond à la performance moyenne de tous les niveaux. Notons que plus un employé gravit les échelons, plus sa performance individuelle doit augmenter.

Naturellement, la question que se posent les chercheurs est la même que celle que se pose n'importe quel manager : qui promouvoir ? Pour chacune des hypothèses, les chercheurs ont testé trois types de promotion :

- la promotion du meilleur employé ;
- la promotion du plus incompétent ;
- la promotion d'un employé sélectionné au hasard.

Résultats

Très rapidement, la performance du système atteint un point d'équilibre.

Types de promotion	Résultats en fonction de l'hypothèse du bon sens	Résultats en fonction de l'hypothèse de Peter
Promotion du meilleur employé	Efficience élevée	Efficience faible
Promotion du plus incompétent	Efficience faible	Efficience élevée
Promotion d'un employé sélectionné au hasard	Efficience moyenne	Efficience moyenne

Tableau des tests et des résultats
© 50MINUTES.com

Sous l'hypothèse du bon sens, il n'y a pas vraiment de surprise. On obtient une bonne performance globale quand on promeut les bons et une mauvaise performance globale quand on promeut les mauvais. La promotion au hasard n'occasionne pas d'impact majeur sur la performance globale.

Par contre, lorsque l'on admet l'hypothèse de Peter, une conclusion étonnante – qui valut d'ailleurs aux chercheurs italiens le Ig Nobel – s'impose : il faut promouvoir les incompétents. En effet, si on enlève un très mauvais dans un niveau donné, on a de bonnes chances de le remplacer par quelqu'un de meilleur que lui, la majorité des agents étant moyens. De plus, la performance du mauvais va être « rejouée », tirée à nouveau au hasard, lors de sa réaffectation, avec là aussi de bonnes chances d'obtenir un résultat moyen. Et si le hasard lui redonne un très mauvais résultat, il bougera encore au prochain tour. Donc, la promotion du plus mauvais est la conclusion logique de l'hypothèse de Peter. Ensuite, comme dans le cas de l'hypothèse de bon sens, le hasard reste neutre. Quant à la promotion du meilleur, elle fonctionne exactement comme Peter l'avait décrite : elle propulse tout le monde jusqu'à son niveau d'incompétence, rendant la performance globale exécrable.

Conclusion

Dès lors, soit Peter a raison et on ne peut que conseiller aux managers de promouvoir les moins bons éléments ; soit on admet que la compétence à un poste supérieur est une simple variation de la compétence à un poste inférieur et la promotion des meilleurs agents reste la solution à privilégier.

RECOMMANDATIONS

Globalement, Peter envisage le problème d'une manière un peu trop statique et réductrice. Pourquoi envisager la compétence à un poste donné comme une constante ? Si le système de gestion des ressources humaines mis en place est efficace, des mesures régulières de la performance sont suivies d'entretiens avec les responsables du personnel et de formations visant à accroître l'efficacité du travail fourni.

Bien sûr cela présente plusieurs inconvénients :

- d'une part, il faut des *Key Performance Indicators* (indicateurs de performance) pertinents pour déterminer le plus objectivement possible la qualité du travail fourni. Dans le cas d'un vendeur, il suffira par exemple de mesurer le nombre de clients potentiels qui sont entrés dans le magasin (de plus en plus de magasins installent des capteurs à cet effet), la somme qui a été encaissée par le vendeur, et de faire le rapport entre les deux. Le calcul de la performance est plus périlleux par contre lorsqu'il s'agit de mesurer la qualité du travail fourni par un fonctionnaire ou un employé de bureau. Peter, lui, lorsqu'il parle d'incompétence, donne l'impression qu'il se base davantage sur un sentiment diffus que sur des indicateurs précis ;

- d'autre part, un système de ressources humaines efficace et des formations sont plus lourds à mettre en place et plus coûteux que s'il suffisait simplement de mesurer la performance des employés et de promouvoir directement le bon employé en fonction de son expérience passée.

Que l'hypothèse de Peter se vérifie ou non, les managers peuvent envisager la hiérarchie de deux manières opposées :

- si on définit clairement chaque fonction et les compétences qui y sont liées, il est beaucoup plus simple de mettre en place des *Key Performance Indicators* et d'évaluer les performances ;
- si au contraire, on laisse volontairement un certain flou quant aux fonctions que chacun doit exercer, il est beaucoup plus facile de décharger quelqu'un des fonctions pour lesquelles il n'est pas compétent, mais on perd considérablement en efficacité.

En outre, on pourrait simplement rendre les employés plus mobiles en supprimant l'effet de cliquet. Les rétrogradations sont plus fréquentes que ne semble le croire Peter.

Quand l'hypothèse de Peter ne se vérifie pas

Dans le cas où l'hypothèse de Peter ne se vérifierait pas, alors le système de bon sens – à savoir promouvoir les meilleurs – généralement mis en place par les organisations est pleinement efficient. Il présente le double avantage de motiver les employés à se démener pour être plus performants dans l'espoir d'obtenir une promotion et d'économiser ainsi à l'organisation leur formation, puisqu'ils mettront eux-mêmes tout en œuvre pour acquérir le niveau de compétence nécessaire pour le poste supérieur.

Quand l'hypothèse de Peter se vérifie

Par contre, c'est beaucoup plus problématique dans le cas où l'hypothèse de Peter se vérifierait. Si l'on promeut les plus incompétents, cela doit se faire une toute discrétion sous peine de démotiver les employés. Il faudra également privilégier les incitants financiers et s'abstenir d'utiliser le système des promotions comme récompenses.

Cette manière de faire et d'envisager les promotions connaît ses limites, puisqu'elle engendre des coûts importants pour l'organisation et ne permet pas de trouver la personne qui conviendra le mieux pour le poste à pourvoir.

Enfin, si l'hypothèse de Peter correspond à la réalité des organisations et si l'effet de cliquet est aussi immuable qu'il semble le penser, alors la seule solution vraiment sensée consiste à accompagner les employés le plus efficacement possible, en mesurant leurs compétences et au besoin en les motivant et en les formant. Ceci engendrera pour l'organisation un coût bien plus lourd que si la seule compétition entre employés suffisait à les rendre compétents à tous les niveaux de la hiérarchie.

EN RÉSUMÉ

- Le principe développé par Laurence J. Peter et Raymond Hull paraît dans un ouvrage satyrique intitulé *Le Principe de Peter* en 1969, époque où les entreprises, confrontées à un environnement stable et économiquement porteur, visaient la croissance et le développement de leur structure et devaient dès lors inévitablement gérer les promotions.

- Le principe repose sur l'hypothèse suivante : toute organisation promeut les employés compétents jusqu'à un poste qu'ils ne peuvent plus assumer et duquel ils ne seront pas démis ; l'organisation tend dès lors vers l'incompétence généralisée.

- L'apport se situe surtout au niveau des managers qui ont besoin de savoir comment gérer les mouvements de leur personnel en vue de l'amélioration de la performance globale de leur organisation. Il doit, à cette fin, veiller à l'évolution des compétences et au développement de l'intelligence collective, car si personne n'est parfait, une équipe peut le devenir !

- Les hypothèses du modèle suscitent la polémique, particulièrement celle qui avance que les compétences requises pour un nouveau poste ne sont pas dépendantes de celles appréciées dans les postes occupés précédemment.

- D'autres lois, dont celle de Parkinson sur la tendance naturelle d'une organisation à s'alourdir jusqu'à devenir inefficace, vont dans le même sens que le principe de Peter.

- Recommandations :
  - si l'hypothèse de Peter ne se vérifie pas, se fier à son bon sens et promouvoir les meilleurs ;
  - si l'hypothèse de Peter se vérifie,
    - promouvoir les plus mauvais sans que cela ne se sache,

- privilégier les incitants financiers sans changer les employés de fonction,
- observer individuellement chaque employé et opérer des mouvements au sein d'un même niveau hiérarchique.

POUR ALLER PLUS LOIN

SOURCES BIBLIOGRAPHIQUES

- BLARY (Jean-Luc), « Le principe de Peter », dans *Lettre d'ADELI*, n° 36, juillet 1999.
- DELAHAYE (Jean-Paul), « Le principe de Peter », dans *Pour la science*, n° 407, septembre 2011, p. 82-87.
- PETER (Laurence Johnson) et HULL (Raymond), *Le Principe de Peter ou pourquoi tout va toujours mal*, 2ᵉ édition, Paris, Librairie Générale Française, coll. « Livre de Poche », 2011.
- PLUCHINO (Alessandro), RAPISARDA (Andrea) et GAROFALO (Cesare), « The Peter Principle Revisited: A Computational Study », dans *Physica A: Statistical Mechanics and its Applications*, Issue 3, 389, février 2010, p. 467-472, consulté le 18 juillet 2014. http://arxiv.org/pdf/0907.0455v3.pdf

SOURCES COMPLÉMENTAIRES

- ADAMS (Scott), *Dibert*, site consulté le 18 juillet 2014. http://www.dilbert.com/

50MINUTES
Art & Littérature
Business & Econo[mie]
Histoire & Société
Gestion & Marketing | numéro 9
LA PYRAMIDE DES BESOINS DE MASLOW
Pourquoi faut-il comprendre les besoins du client ?
Grandes Batailles | numéro 26
LA GUERRE DU KIPPOUR
LE CARAVAGE

www.50minutes.com

Éditeur responsable : Lemaitre Publishing
Rue Lemaitre 6 | BE-5000 Namur
info@lemaitre-editions.com

ISBN ebook : 978-2-8062-5868-7
ISBN papier : 978-2-8062-5869-4
Dépôt légal : D/2014/12603/147
Photo de couverture : © Renee Jansoa

Conception numérique : Primento,
le partenaire numérique des éditeurs